RÈGLEMENT PROVISOIRE

SUR LE

FUSIL REMINGTON

(MODÈLE 1868)

CONTENANT

**La nomenclature, le démontage et le remontage
de cette arme**

LYON

Librairie & Papeterie Militaires (Ancienne Maison Vᵉ Jacquy)

BONNAIRE, Succr

23, rue Gasparin, 23

Près la place Bellecour

1871

DEUXIÈME PARTIE.

DE L'ÉCOLE DU SOLDAT

FUSIL REMINGTON

TITRE II.

DEUXIÈME PARTIE.

RÈGLES GÉNÉRALES.

62. L'instructeur ne fera passer les hommes de recrue à cette seconde partie que lorsqu'ils seront bien affermis dans la position du corps et la formation des différents pas.

63. L'instructeur réunira alors quatre hommes qu'il placera sur un rang, coude à coude, et leur montrera le port d'armes ainsi qu'il suit.

PREMIÈRE LEÇON.

Principes du port d'armes,

64. L'homme de recrue étant placé comme il a été expliqué dans la première leçon de la première partie, l'instructeur lui fera ployer légèrement le

---

Nota. — Toute la partie du texte qui n'est pas l'explication d'un commandement ne devra pas être apprise littéralement.

bras droit et placera l'arme de la manière suivante :

65. L'arme dans le bras droit et au défaut de l'épaule, le canon en arrière et d'aplomb, le bras droit presque allongé, la main droite embrassant le chien et la sous-garde, le pouce au dessus de la sous-garde, le premier doigt dessous, les autres doigts au dessous de la crête du chien ; la crosse à plat le long de la cuisse droite, le bras gauche pendant naturellement, comme il est prescrit dans la première leçon de la première partie.

Observations relatives au port d'armes.

66. On rencontre souvent des hommes de recrue qui ont des défauts naturels dans la conformation des épaules, de la poitrine et des hanches ; l'instructeur doit s'efforcer de corriger autant que possible ces défauts, avant de faire porter l'arme au soldat, et doit avoir ensuite une attention suivie à régler le port d'armes suivant ces défauts de conformation, de manière que le coup d'œil général en soit uniforme, sans que les hommes soient gênés dans leurs positions.

67. L'instructeur observera que les hommes de recrue sont sujets, lorsqu'ils commencent à porter l'arme, à déranger la position du corps, à baisser l'épaule droite et la main droite, à creuser la hanche et à ouvrir les coudes.

68. L'instructeur aura l'attention de corriger tous ces défauts et de rectifier continuellement la position des hommes ; il leur ôtera quelquefois l'arme pour la placer ensuite, évitera de les fatiguer dans le commencement, et s'attachera à leur

rendre peu à peu cette position si naturelle et si facile qu'ils puissent la conserver longtemps sans fatigue.

69. Enfin, l'instructeur doit apporter beaucoup d'attention à ce que le port d'armes ne soit ni trop haut, ni trop bas ; s'il était trop haut, l'arme serait chancelante ; s'il était trop bas, les files se trouveraient trop serrées, le soldat n'aurait pas l'espace nécessaire pour manier son arme avec facilité, le bras droit fatiguerait trop, entraînerait l'épaule, etc.

70. L'instructeur, avant de passer à la seconde leçon, fera répéter les mouvements de *tête à droite* et de *tête à gauche*, ainsi que les *à droite*, les *à gauche* et les *demi-tour à droite*.

DEUXIÈME LEÇON.

Maniement des armes.

71. Le maniement des armes sera montré aux quatre hommes placés d'abord sur un rang, coude à coude, et ensuite sur deux files.

72. L'exécution de chaque commandement ne formera qu'un temps, mais ce temps sera divisé en mouvements, afin d'en mieux faire connaître le mécanisme aux soldats.

73. La vitesse de chacun des mouvements du maniement des armes, sauf les exceptions indiquées ci-après, est fixée à un quatre-vingt-dixième de minute ; mais, afin de ne pas fatiguer l'attention des hommes de recrue, on ne s'attachera d'abord qu'à l'exécution des mouvements, sans exiger qu'ils s'occupent de la cadence, à laquelle on

ne les astreindra que progressivement et lorsqu'ils seront familiarisés avec le maniement de leur arme.

74. Les mouvements relatifs au placement et au déplacement du sabre-baïonnette ne peuvent pas être exécutés avec la vitesse qui vient d'être prescrite, ni même avec une vitesse uniforme. Ils ne seront donc point soumis à cette cadence. L'instructeur s'attachera à faire exécuter ces mouvements avec promptitude, et surtout avec régularité.

75. La dernière syllabe du commandement décidera l'exécution brusque et vive du premier mouvement de chaque temps ; les commandements de *deux* et de *trois* décideront celle des autres mouvements. Dès que le soldat connaîtra bien la position des divers mouvements d'un temps, on lui montrera à l'exécuter sans s'arrêter sur ces mouvements, mais il en observera le mécanisme, afin d'assurer l'arme et d'éviter les inconvénients qui résultent de ce que l'on appelle *escamoter l'arme*.

76. Les soldats étant au port d'armes, si l'instructeur veut les faire reposer. il commandera :

Repos.

77. A ce commandement, les soldats porteront vivement l'arme avec la main droite vis-à-vis le milieu du corps, le canon incliné à droite, la main gauche croisée sur la droite et la contenant. Ils ne seront plus tenus à garder l'immobilité.

78. Lorsque l'instructeur voudra faire passer les soldats de l'état de repos à celui d'immobilité, il commandera :

1. *Garde à vous.*
2. **PELOTON**.

79. Au second commandement, les soldats reprendront le port d'armes régulier.

Présentez — VOS ARMES.

Un temps et deux mouvements.

Premier mouvement.

80. Porter l'arme avec la main droite, d'aplomb, vis-à-vis le milieu du corps, la baguette en avant; empoigner en même temps brusquement l'arme avec la main gauche, entre la hausse et la boîte de culasse, le pouce allongé le long du canon contre la monture, l'avant-bras collé au corps sans être gêné, la main à hauteur du coude.

Deuxième mouvement.

81. Empoigner l'arme de la main droite au dessous et contre la sous-garde.

Portez — VOS ARMES.

Un temps et deux mouvements.

Premier mouvement,

82. Tourner la main droite pour embrasser le chien et la sous-garde; porter l'arme avec cette main, d'aplomb contre l'épaule droite, glisser la main gauche à hauteur de l'épaule, les doigts ouverts et joints, le bras droit presque allongé.

Deuxième mouvement.

83. Laisser tomber vivement la main gauche dans le rang.

Reposez-vous — SUR VOS ARMES.

Un temps et deux mouvements.

Premier mouvement.

84. Saisir brusquement l'arme avec la main gauche, à hauteur de l'épaule, la détacher un peu avec la main droite; lâcher l'arme de la main droite, la descendre de la main gauche, la ressaisir avec la main droite au dessus de la grenadière, le petit doigt derrière le canon, l'arme d'aplomb, la main droite appuyée à la hanche, la crosse à environ 8 centimètres de terre, le talon de la crosse dirigé sur le côté de la pointe du pied droit, et laisser tomber vivement la main gauche dans le rang.

Deuxième mouvement.

85. Laisser glisser l'arme dans la main droite, en ouvrant un peu les doigts, de manière que le talon de la crosse soit placé à côté et contre la pointe du pied droit, et prendre la position qui va être indiquée.

Position du soldat reposé sur l'arme.

86. La main basse, le canon entre le pouce et le premier doigt allongé le long de la monture, les trois autres doigts allongés et joints; le bout du canon à environ 5 centimètres du bras droit,

la baguette en avant, le talon de la crosse à côté
et contre la pointe du pied droit, l'arme d'aplomb.

87. Lorsque l'instructeur voudra faire reposer
dans cette position, il commandera :

REPOS.

88. A ce commandement, les soldats passeront
la main droite étendue sur l'arme, qu'ils appuieront contre le corps.

89. Lorsque l'instructeur voudra faire passer les
soldats de l'état de repos à celui d'immobilité, il
commandera :

1. *Garde à vous.*
2. PELOTON.

90. Au second commandement, les hommes reprendront la position du soldat reposé sur l'arme.

Portez — VOS ARMES.

Un temps et deux mouvements.

Premier mouvement.

91. Elever l'arme perpendiculairement avec la
main droite, à hauteur du téton droit, vis-à-vis
l'épaule, à 5 centimètres du corps, le coude droit
y restant joint ; saisir l'arme de la main gauche,
au dessous de la main droite, et descendre aussitôt la main droite pour empoigner le chien et la
sous-garde, en appuyant l'arme à l'épaule, le bras
droit presque allongé.

1.

Deuxième mouvement.

92. Laisser tomber vivement la main gauche dans le rang.

Charge en cinq temps.

93. Le peloton étant au port d'armes, l'instructeur commandera :

Charge en cinq temps.
Chargez — VOS ARMES.

Un temps et deux mouvements.

Premier mouvement.

94. Elever l'arme avec la main droite, la saisir avec la main gauche à hauteur de la hausse; faire un demi à droite sur le talon gauche en portant le pied droit à 30 centimètres en arrière et à 25 sur la droite.

Deuxième mouvement.

95. Abattre l'arme avec les deux mains, le pouce de la main gauche allongé le long du bois, l'extrémité des autres doigts ne dépassant que légèrement les bords de la monture, sans toucher le canon; la crosse sous l'avant-bras droit; la poignée de l'arme contre le corps, à environ 10 centimètres au dessous du téton droit, le bout du canon à hauteur de l'épaule; placer le pouce de la main droite sur la crête du chien, les autres doigts en arrière et contre la sous-garde, le coude légèrement élevé.

ARMEZ.

Un temps et un mouvement.

96. Armer en faisant sonner distinctement deux fois la gâchette.

Ouvrez — LE TONNERRE.

Un temps et un mouvement.

97. Ramener l'obturateur en arrière, porter la main à la giberne et saisir la cartouche par l'étui à poudre.

Cartouche — DANS LE CANON.

Un temps et un mouvement.

98. Porter la cartouche dans le tonnerre, la balle en avant; l'introduire dans la chambre en l'accompagnant avec le pouce, placer le pouce derrière la crête de l'obturateur.

Fermez — LE TONNERRE.

Un temps et un mouvement.

99. Rabattre l'obturateur pour achever d'introduire la cartouche dans la chambre, saisir l'arme à la poignée avec la main droite, le premier doigt en avant de la détente, sans la toucher.

100. La charge en cinq temps pourra être exécutée en partant de la position du soldat reposé sur l'arme.

101. L'instructeur commandera :

1. *Charge en cinq temps.*
2. *Chargez* — VOS ARMES.

Un temps et deux mouvements.

Premier mouvement.

102. Elever l'arme, la main droite à hauteur de l'épaule, la saisir de la main gauche au pied de la hausse, descendre la main droite à la poignée, et se fendre à 30 centimètres en arrière et à 25 sur la droite.

Deuxième mouvement.

103. Comme il est prescrit à l'art. 95.

104. Deuxième, troisième, quatrième et cinquième temps, comme il est prescrit aux art. 96, 97, 98, 99.

105. Les armes étant chargées, si l'instructeur ne veut pas faire commencer le feu immédiatement, il commandera :

DÉSARMEZ.

Un temps et deux mouvements.

Premier mouvement.

106. Fixer les yeux sur le coffre, placer le pouce en travers sur le chien, le premier doigt en avant de la détente, les autres en arrière et contre la la sous-garde.

Deuxième mouvement.

107. Presser sur la détente pour dégager la noix,

conduire le chien au cran de sûreté et saisir l'arme à la poignée avec la main droite.

108. Si l'instructeur veut faire porter les armes, il commandera :

Portez — VOS ARMES.

Un temps et un mouvement.

109. Redresser vivement l'arme en revenant face en tête et prendre la position du port d'armes.

110. Les soldats étant au port d'armes, lorsque l'instructeur voudra leur faire mettre la baïonnette au bout du canon, il commandera :

Baïonnette — AU CANON.

Un temps et trois mouvements.

Premier mouvement.

111. Saisir brusquement l'arme, avec la main gauche, à la hauteur de l'épaule, détacher un peu l'arme avec la main droite.

Deuxième mouvement.

112. Abandonner l'arme de la main droite, la descendre avec la main gauche, vis-à-vis le milieu du corps, la baguette en arrière, poser la crosse à terre entre les pieds, sans frapper ; le canon vertical, l'extrémité à 8 centimètres de la poitrine ; saisir l'embouchoir avec la main droite, porter la main gauche renversée à la poignée du sabre-baïonnette.

Troisième mouvement.

113. Arracher le sabre-baïonnette, le fixer au bout du canon, empoigner l'arme avec la main gauche, le bras allongé, la main droite restant à l'embouchoir.

Portez — VOS ARMES.

Un temps et deux mouvements.

Premier mouvement.

114. Elever l'arme avec la main gauche, la porter contre l'épaule droite, la baguette en avant; descendre en même temps la main droite pour embrasser le chien et la sous-garde, le bras droit presque allongé.

Deuxième mouvement.

115. Laisser tomber vivement la main gauche dans le rang.

Croisez — LA BAÏONNETTE.

Un temps et deux mouvements.

Premier mouvement.

116. Comme le premier mouvement du premier temps de la charge, excepté que la main gauche saisira l'arme un peu au dessous de la grenadière, et que le milieu du pied droit sera vis-à-vis et à environ 8 centimètres du talon gauche.

Deuxième mouvement.

117. Abattre l'arme avec les deux mains, le canon en dessus, le coude gauche appuyé au corps ; saisir en même temps l'arme à la poignée avec la main droite, qui viendra s'appuyer contre la hanche, la pointe de la baïonnette à hauteur de l'œil.

Portez — VOS ARMES.

Premier mouvement.

Un temps et deux mouvements.

118. Redresser vivement l'arme avec la main gauche, en revenant face en tête, la placer contre l'épaule droite, la baguette en avant ; tourner la main droite pour embrasser le chien et la sous-garde, glisser la main gauche à hauteur de l'épaule, les doigts ouverts et joints, le bras droit presque allongé.

Deuxième mouvement.

119. Laisser tomber vivement la main gauche dans le rang.

Remettez — LA BAÏONNETTE.

Un temps et trois mouvements.

Premier et deuxième mouvements.

120. Comme le premier et le deuxième mouvement de *baïonnette au canon*, excepté qu'à la fin du second commandement le pouce de la main droite se placera sur le ressort du sabre-baïonnette, et la main gauche embrassera la poignée et le canon.

Troisième mouvement.

121. Faire effort du pouce de la main droite sur le ressort, enlever la baïonnette, la renverser à droite, la pointe en bas ; descendre la croisière contre la main droite, qui saisira la lame par le dos et le tranchant avec le pouce et les deux premiers doigts allongés, les deux derniers contenant l'arme ; retourner la main gauche sans quitter la poignée, mettre le sabre-baïonnette dans le fourreau et saisir l'arme avec la main gauche, le bras allongé.

Portez — VOS ARMES.

122. Comme au n° 114.

L'arme sur l'épaule — DROITE.

Un temps et deux mouvements.

Premier mouvement.

123. Faire sauter l'arme verticalement en avant de la main droite dans la main gauche, qui la saisit entre la grenadière et la hausse ; placer en même temps la main droite sur le plat de la crosse, de manière que le bec se trouve entre les deux premiers doigts, les deux derniers sous la crosse.

Deuxième mouvement.

124. Abandonner l'arme de la main gauche, achever de l'élever de la droite, la porter sur l'é-

paule droite, laisser tomber la main gauche dans
le rang.

Portez — VOS ARMES.

Un temps et deux mouvements.

Premier mouvement.

125. Redresser l'arme perpendiculairement, en
allongeant vivement le bras droit de toute sa longueur, la baguette en avant ; saisir en même
temps l'arme avec la main gauche à hauteur de la
hausse.

Deuxième mouvement.

126. Abandonner la crosse de la main droite,
qui embrassera aussitôt le chien et la sous-garde,
achever de descendre l'arme avec la main droite,
glisser la main gauche à hauteur de l'épaule, les
doigts ouverts et joints, et prendre la position du
port d'armes.

127. On peut aussi mettre l'arme sur l'épaule
droite, en partant de la position du soldat reposé
sur l'arme.

Un temps et trois mouvements.

Premier mouvement.

128. Elever l'arme verticalement, la main droite
à hauteur des yeux ; la saisir en même temps avec
la main gauche à la poignée.

Deuxième mouvement.

129. Achever d'élever l'arme avec la main gau-

2.

che pour la porter sur l'épaule droite; lâcher l'arme de la main droite, et descendre vivement cette main sous la crosse, comme il est expliqué n° 130.

Troisième mouvement.

130. Laisser tomber la main gauche à sa position.

Reposez-vous sur vos — ARMES.

Un temps et trois mouvements.

Premier mouvement.

131. Allonger le bras droit de toute sa longueur, sans baisser l'épaule; saisir l'arme avec la main gauche au dessous de la grenadière, la baguette en avant.

Deuxième mouvement.

132. Quitter la crosse de la main droite; descendre l'arme avec la main gauche le long et près du corps; la saisir au dessus de la grenadière avec la main droite, qui sera appuyée à la hanche.

Troisième mouvement.

133. Poser la crosse à terre en allongeant le bras droit; laisser tomber en même temps la main gauche à sa position.

L'arme — A VOLONTÉ.

Un temps et un mouvement.

134. Porter l'arme indifféremment sur l'une ou l'autre épaule, d'une ou de deux mains, l'extrémité du canon en l'air.

Portez — VOS ARMES.

135. Reprendre vivement la position du port d'armes.

Inspection des armes.

136. Les soldats étant reposés sur les armes et ayant la baïonnette dans le fourreau, si l'instructeur veut faire l'inspection des armes, il commandera :

Inspection — DES ARMES.

Un temps et un mouvement.

137. Prendre la position du deuxième mouvement du premier temps de la charge ; armer, ouvrir le tonnerre, et saisir l'arme à la poignée.

138. L'instructeur inspectera ensuite successivement l'arme de chaque soldat, en passant devant le rang. Chaque soldat, à mesure que l'instructeur passera devant lui, redressera son arme avec les deux mains, le tonnerre en avant, et se remettra face en tête. Après l'examen de l'instructeur, il reprendra la position du soldat reposé sur l'arme, après avoir fermé le tonnerre et désarmé dans la position prescrite à l'article 140.

139. Si, au lieu de faire l'inspection des armes, l'instructeur veut seulement faire mettre la baïonnette au canon, il commandera :

Baïonnette — AU CANON.

Un temps et un mouvement.

140. Porter brusquement la main gauche au dessous et près de l'embouchoir; apporter l'arme avec les deux mains vis-à-vis le milieu du corps, la baguette en arrière, la crosse entre les pieds, le canon vertical, l'extrémité à 8 centimètres de la poitrine; porter la main gauche renversée au sabre-baïonnette, l'arracher du fourreau et le fixer au bout du canon, et prendre la position du soldat reposé sur l'arme.

Observations relatives à la deuxième leçon.

141. Le maniement des armes déforme souvent, chez les hommes de recrue, la position du corps, quand elle n'est pas parfaitement assurée. Il est donc nécessaire que l'instructeur les ramène souvent à la régularité de la position et du port d'armes dans le cours des leçons.

142. Les hommes de recrue sont aussi fort sujets à creuser les reins et à renverser le corps, surtout au premier temps de la charge, lorsqu'on les y tient trop longtemps. L'instructeur doit éviter de trop les arrêter dans cette position.

143. Lorsqu'après quelques jours d'exercice du maniement des armes, les quatre hommes seront affermis dans le port d'armes, l'instructeur terminera toujours la leçon par les faire marcher pendant quelque temps sur un rang et à un pas l'un de l'autre, au pas ordinaire et au pas accéléré, afin de les affermir de plus en plus dans le mécanisme du pas; il leur montrera aussi à marquer et à changer le pas, ce qui s'exécutera de la manière suivante :

Marquer le pas.

144. Les quatre hommes étant en marche, l'instructeur commandera :

1. *Marquez le pas.*
2. MARCHE.

145. Au second commandement, qui sera fait à l'instant où le pied va poser à terre, les soldats simuleront le pas en rapportant les talons à côté l'un de l'autre sans avancer, et en observant la cadence du pas.

146. Lorsque l'instructeur voudra reprendre la marche, il commandera :

1. *En avant.*
2. MARCHE.

147. Au second commandement, qui sera fait comme il est prescrit ci-dessus, les soldats reprendront le pas de 65 centimètres.

Changer le pas.

148. Les soldats étant en marche, l'instructeur commandera :

1. *Changez le pas.*
2. MARCHE.

149. Au second commandement, qui sera fait à l'instant où le pied va poser à terre, les soldats rapporteront vivement le pied qui est en arrière à côté de celui qui vient de poser à terre, et repartiront de ce dernier pied.

Marcher en arrière.

150. L'instructeur, voulant faire exécuter le pas en arrière, commandera :

1. *Peloton, en arrière.*
2. MARCHE.

151. Au second commandement, le soldat portera le pied gauche en arrière, à 33 centimètres à compter d'un talon à l'autre ; il exécutera avec le pied droit ce qui vient d'être prescrit pour le gauche, et ainsi de suite jusqu'au commandement de *halte,* qui sera toujours précédé de celui de *peloton.* Les hommes s'arrêteront à ce commandement, en rapportant le pied qui est en avant à côté de l'autre.

152. Ce pas s'exécutera toujours à la cadence du pas accéléré.

153. L'instructeur veillera à ce que le soldat se porte droit en arrière, et que l'aplomb, ainsi que la position du corps et de l'arme, soit toujours conservé.

TROISIÈME LEÇON.

Charge à volonté.

154. La charge à volonté s'exécute comme la charge en cinq temps, sans s'arrêter sur aucun temps.

155. Le peloton étant au port d'armes ou reposé sur les armes, l'instructeur commandera :

1. *Charge à volonté.*
2. *Chargez* — VOS ARMES.

156. Les armes étant chargées, si l'instructeur veut les faire porter, il commandera :

Portez — VOS ARMES.

157. Au commandement de *portez*, désarmer, saisir l'arme à la poignée; au commandement de *vos armes*, revenir face en tête, redresser l'arme, et prendre la position du port d'armes.

Observations.

158. Autant que possible, les armes ne devront être chargées qu'au moment où l'on voudra faire feu.

159. La charge s'effectuant dans la position d'apprêtez vos armes, on ne reviendra au port d'armes que par un commandement.

160. Il est nécessaire, pour la bonne exécution de la charge et des feux, que les hommes aient l'aisance des coudes dans le rang.

Déchargement de l'arme.

161. Le déchargement de l'arme s'opérera au moyen du tire-cartouche, en portant l'obturateur en arrière après avoir armé.

162. Dans le cas où le tire-cartouche serait insuffisant, l'arme serait déchargée avec la baguette de la manière suivante :

163. Ouvrir le tonnerre, poser la crosse à terre entre les pieds, l'arme un peu inclinée en avant; tirer la baguette, l'introduire dans le canon, la laisser tomber sur la cartouche en ouvrant la main pour éviter toute chance d'accident, remettre la baguette.

Pointage.

164. Arrivés à ce degré d'instruction, les hommes seront exercés au pointage, car il est très-important qu'ils ne mettent jamais en joue sans viser un point déterminé.

Position du tireur.

165. Les positions suivantes sont identiquement celles qui sont enseignées dans l'instruction du tir.

Position du tireur debout.

166. Les hommes étant dans la position du cinquième temps de la charge, l'instructeur commandera :

1. *A tant de mètres.*

167. A ce commandement, disposer la hausse pour la distance indiquée, et reprendre la position.

2. Joue.

Un temps et un mouvement.

168. Elever l'arme avec les deux mains sans brusquer le mouvement, le corps restant d'aplomb, la tête droite; appuyer la crosse contre l'épaule, le coude gauche abattu, le droit à hauteur de l'épaule; fermer l'œil gauche et diriger la ligne de mire sur le but, en penchant le moins possible la tête à droite, le premier doigt de la

main droite en avant de la détente sans la toucher.

Observations.

169. En appuyant la crosse contre l'épaule, on diminue le recul, et on obtient une plus grande stabilité qu'en cherchant uniquement à soutenir l'arme. Dans ce mouvement, la main droite doit maintenir solidement l'arme à la poignée, le premier doigt de cette main conservant toute son indépendance. Le coude gauche doit être abattu pour soutenir l'arme avec moins de fatigue; le coude droit doit être à hauteur de l'épaule, afin d'amener la ligne de mire à hauteur de l'œil sans trop baisser la tête pour aller la chercher.

Pendant tout le temps que l'homme est en joue, il doit s'efforcer de maintenir la ligne de mire sur le point visé en retenant sa respiration, et commencer à fermer le doigt pour le mettre en contact avec la détente.

3. Feu.

Un temps et un mouvement.

170. Faire partir le coup en achevant de fermer le doigt sans effort, la tête restant droite et le corps immobile.

4. Chargez.

Un temps et un mouvement.

171. Retirer vivement l'arme, prendre la position du deuxième mouvement du premier temps de la charge, et exécuter la charge à volonté.

172. Lorsqu'après avoir tiré, l'instructeur, au lieu de faire charger les armes, voudra les faire porter, il commandera :

Portez — VOS ARMES.

Un temps et un mouvement.

173. Au commandement de *portez*, prendre la position du deuxième mouvement du premier temps de la charge, mettre le chien au cran de sûreté et saisir l'arme à la poignée ; au commandement de *vos armes*, porter les armes en revenant face en tête.

174. Les soldats étant dans la position de joue, lorsque l'instructeur ne voudra pas faire exécuter le feu, il commandera :

Replacez — VOS ARMES.

Un temps et un mouvement.

175. Reprendre la position du cinquième temps de la charge.

176. L'arme étant chargée, le chien au cran de sûreté et l'homme au port d'armes ou reposé sur l'arme, l'instructeur commandera :

1. *Position du tireur debout.*
2. *Apprêtez* — VOS ARMES.

Un temps et trois mouvements.

Premier et deuxième mouvements.

177. Comme les deux mouvements du premier temps de la charge.

Troisième mouvement.

178. Armer, saisir l'arme à la poignée avec la main droite, la deuxième phalange du premier doigt en avant de la détente, sans la toucher.

Position du tireur à genou.

179. L'homme étant au port d'armes (1), l'instructeur commandera :

1. *Position du tireur à genou.*
2. *Apprêtez* — VOS ARMES.

Un temps et trois mouvements.

Premier mouvement.

180. Faire un demi à droite sur le talon gauche, porter le milieu du pied droit à environ 35 centimètres en arrière et 16 centimètres à gauche du talon gauche, suivant la taille de l'homme ; saisir en même temps le fourreau du sabre-baïonnette avec la main gauche et le ramener en avant, les épaules effacées et la tête directe.

Deuxième mouvement.

181. Mettre le genou droit à terre, poser la crosse à terre sans frapper, s'asseoir sur le talon

____

(1) Cette position pourra être prise en partant de celle du soldat reposé sur l'arme, la crosse restant appuyée à terre pendant l'exécution des deux premiers mouvements.

droit, placer le fourreau du sabre le bout en avant ; saisir l'arme avec la main gauche à hauteur du pied de la hausse, et avec la main droite à la poignée.

Troisième mouvement.

182. Abattre l'arme avec les deux mains, l'avant-bras appuyé sur la cuisse gauche, la crosse touchant la cuisse droite, armer, saisir l'arme à la poignée avec la main droite, la deuxième phalange du premier doigt en avant de la détente, sans la toucher.

Portez — VOS ARMES.

183. Au commandement de *portez*, mettre le chien au cran de sûreté, et reprendre la position du deuxième mouvement du temps d'apprêtez vos armes ; au commandement de *vos armes*, se relever, revenir face en tête et reprendre la position du port d'armes.

184. Lorsque les tireurs sauront bien exécuter les trois mouvements du temps d'apprêtez vos armes, l'instructeur les exercera à mettre en joue dans la position à genou ; à cet effet, il commandera :

1. *A tant de mètres.*

185. A ce commandement, les hommes disposeront la hausse.

2. JOUE.

Un temps et un mouvement.

186. Placer le coude gauche sur la cuisse et près du genou, faire glisser en même temps l'arme dans la main gauche, qui viendra se placer contre le pontet ; le poignet légèrement en dedans, l'arme maintenue entre le pouce et les quatre doigts réunis contre la monture, appuyer la crosse contre l'épaule, placer la main droite et prendre la ligne de mire comme dans la position debout.

3. Feu.

187. Le feu s'exécutera comme à l'article 176.

4. Chargez.

188. Retirer l'arme et charger dans la position du troisième mouvement d'apprêtez vos armes, article 185.

189. Les soldats étant dans la position de joue, lorsque l'instructeur ne voudra pas faire exécuter le feu, il commandera :

Replacez — VOS ARMES.

Un temps et un mouvement.

190. Reprendre la position du troisième mouvement du temps d'apprêtez vos armes, article 185.

Tir dans la position couchée.

191. Le tir dans la position couchée offre de grands avantages, car cette position permet au soldat de se dérober presque entièrement au feu de l'ennemi, tandis qu'il peut tirer lui-même avec une grande précision en appuyant son arme.

192. Le tir couché est particulier aux tirailleurs.

193. Pour l'exécuter, se coucher sur le ventre, mettre en joue, les deux coudes servant d'appui, faire feu ; charger en s'appuyant sur l'avant-bras gauche.

194. Le soldat prend la position du tireur couché lorsqu'il ne se présente pas d'obstacles naturels à l'aide desquels il puisse s'abriter ou trouver un appui pour son arme ; il choisit toujours l'attitude la plus commode, selon la disposition des lieux.

195. Le bout du canon ne doit jamais être appuyé à terre, tout corps étranger introduit dans l'arme, surtout près de la bouche, pouvant amener la rupture du canon.

FEUX D'ENSEMBLE,

A VOLONTÉ ET A COMMANDEMENT.

FEUX EXÉCUTÉS PAR UN PELOTON.

Feux à volonté.

196. Les feux sont exécutés dans les conditions debout et à genou.

Feux à volonté dans la position debout.

197. Les hommes étant au port d'armes ou reposés sur les armes, les armes chargées ou non, l'instructeur commandera :

1. *Feu à volonté.*
2. *Peloton —* ARMES.
3. *A tant de mètres.*
4. COMMENCEZ LE FEU.

198. Au premier commandement, les hommes du second rang appuieront à droite de manière à se trouver en face du créneau par lequel ils devront tirer.

199. Au deuxième commandement, les deux rangs prendront la position du tireur debout et chargeront leurs armes si elles ne le sont déjà ; ces règles sont générales pour tous les feux.

200. Au troisième commandement, les hommes disposeront la hausse.

201. Au quatrième commandement, ils mettront en joue, viseront attentivement, feront feu, retireront leurs armes, les chargeront et continueront à tirer sans se régler sur leurs voisins.

202. Si la fumée vient à cacher le but, ils auront toujours soin de diriger la ligne de mire à bonne hauteur.

203. Au roulement ou à la sonnerie de *cessez le feu*, les hommes cesseront de tirer ; ceux qui auront fait feu chargeront leurs armes, ils mettront tous le chien au cran de sûreté et porteront les armes.

204. L'instructeur attendra que toutes les armes soient portées pour faire donner le coup de baguette ou le coup de langue ; à ce signal, les hommes du second rang se placeront derrière leurs chefs de file.

Feux à volonté dans la position à genou

205. Les hommes étant au port d'armes ou reposés sur leurs armes chargées ou non, l'instructeur commandera :

1. *Feu à volonté à genou.*
2. *Peloton* — ARMES.
3. *A tant de mètres.*
4. COMMENCEZ LE FEU.

206. Au premier commandement, les hommes du second rang se placeront en face de leurs créneaux.

207. Au deuxième commandement, les deux rangs prendront la position du tireur à genou et chargeront leurs armes si elles ne le sont déjà.

208. Le feu sera exécuté comme il est prescrit à l'art. 201.

209. Au roulement, les hommes resteront à genou, chargeront s'ils ont fait feu, mettront le chien au cran de sûreté, redresseront les armes, la crosse à terre, le bout du canon en l'air.

210. L'instructeur attendra que toutes les armes soient redressées pour faire donner le coup de baguette ou le coup de langue ; à ce signal, les hommes se relèveront, porteront les armes et reprendront leur place dans le rang.

Feux à commandement.

—

Feu de peloton.

211. L'instructeur commandera :

- 1. *Feu de peloton.*
- 2. *Peloton* — ARMES.
- 3. *A tant de mètres.*
- 4. JOUE.
- 5. FEU.
- 6. CHARGEZ.

212. Les deux premiers commandements s'exécuteront comme il a été prescrit pour les feux à volonté dans la position debout.

213. Au commandement : *à tant de mètres,* les hommes du peloton disposeront la hausse.

214. Les quatrième, cinquième, sixième commandements s'exécuteront comme il a été prescrit aux art. 168, 170, 171.

215. L'instructeur fera continuer le feu par les commandements de :

1. *Peloton.*
2. JOUE.
3. FEU.
4. CHARGEZ.

216. Le commandement : *à tant de mètres,* ne sera répété que lorsqu'il sera nécessaire de changer la hausse. Le feu continuera ainsi jusqu'au roulement.

217. Si l'instructeur veut faire exécuter le feu de peloton dans la position à genou, il commandera :

1. *Feu de peloton à genou.*
2. *Peloton* — ARMES.
3. *A tant de mètres.*
4. JOUE.
5. FEU.
6. CHARGEZ.

218. Les deux premiers commandements s'exécuteront comme il a été expliqué pour les feux à volonté dans la position à genou, art. 206 et 207 ; les autres comme dans les feux de peloton debout, art. 212.

219. Le feu continuera par les mêmes commandements que dans les feux de peloton debout, art 215, et cessera comme il est prescrit pour les

feux à volonté dans la position à genou, art. 209
et 210.

Observations relatives à tous les feux.

220. Les feux, comme les tirs individuels, s'exécuteront toujours sans que le sabre-baïonnette
soit au bout du canon.

221. Au roulement ou à la sonnerie de *cessez
le feu*, les hommes cesseront de tirer, chargeront
dans la position debout ou dans la position à genou, suivant qu'ils auront exécuté le feu dans
l'une ou l'autre de ces deux positions, et désar-
meront. Les hommes qui auront tiré debout porteront les armes ; ceux qui auront tiré à genou
resteront dans la position du deuxième mouvement du temps d'*apprêtez vos armes.*

222. L'instructeur ne fera donner le coup de
baguette que lorsqu'il ne verra plus une seule
arme dans la direction horizontale.

223. Ces prescriptions ont pour but d'éviter
toutes les chances d'accident.

224. Le commandement d'avertissement qui
indique la distance sera séparé de celui de *joue*
par un intervalle suffisant pour que les tireurs
aient le temps de disposer la hausse.

225. Dans les feux de peloton, le commandement de *feu* devra être fait trois secondes environ
après celui de *joue.*

226. Pour mesurer l'intervalle convenable à
laisser entre ces deux commandements, l'officier
qui dirigera le feu pourra compter mentalement

un, deux, trois, sur la cadence du pas accéléré. Ce moyen, qui ne peut être qu'une simple indication, paraît propre à mettre de l'uniformité dans le commandement et à empêcher une trop grande précipitation toujours nuisible à la justesse du tir.

227. Quand le feu est bien exécuté, on n'entend qu'une seule détonation. Pour obtenir à la fois la simultanéité des coups et l'efficacité du tir, il faut laisser aux hommes le temps de viser et leur faire pressentir, en employant une cadence invariable, le moment précis où ils entendront le commandement de *feu*.

228. On évitera de laisser les hommes trop longtemps en joue, car ils se fatiguent et cessent de viser.

229. Il est possible de faire des feux sur quatre rangs en plaçant deux pelotons l'un derrière l'autre, le premier à genou et le second debout.

230. Le fusil modèle 1868 est une arme extrêmement puissante, mais on ne perdra pas de vue que son feu le plus rapide ne doit être employé que dans de rares circonstances ; habituellement on devra modérer la vitesse du tir, tant pour assurer sa justesse que pour ménager les munitions.

FEUX EXÉCUTÉS PAR UN BATAILLON (1).

Règles générales.

231. Les règles déjà posées pour les feux d'un peloton sont toutes applicables à ceux d'un bataillon ; le second rang appuiera toujours à droite au premier commandement.

232. Les feux pourront être exécutés debout et à genou.

233. Le commandement de *joue* sera toujours précédé de l'indication de la distance. Le chef de bataillon aura soin de laisser aux hommes le temps nécessaire pour disposer les hausses.

234. Il laissera entre le commandement de *joue* et celui de *feu* un intervalle de trois secondes environ.

235. Autant que possible on évitera de charger les armes à l'avance.

Feux de peloton.

236. Le chef de bataillon commandera :

1. *Feu de peloton.*
2. *A tant de mètres.*
3. COMMENCEZ LE FEU.

---

(1) Aux petites distances, on peut employer les feux à volonté ; aux grandes distances, les feux à commandement paraissent préférables.

2

237. Les chefs de peloton se conformeront à ce qui est prescrit pour le feu d'un peloton isolé, que les armes soient chargées ou non.

238. Les pelotons divisionnaires feront feu alternativement comme si la division était isolée.

239. Les chefs de peloton éviteront de précipiter leurs commandements ; car la rapidité du chargement assure la vivacité du feu, et c'est au maintien de l'ordre et du calme qu'il faut surtout s'attacher.

Feu de demi-bataillon.

240. Le chef de bataillon commandera :

1. *Feu de demi-bataillon.*
2. *Bataillon* — ARMES.
3. *Demi-bataillon de droite.*
4. *A tant de mètres.*
5. JOUE.
6. FEU.
7. CHARGEZ.

241. Au premier commandement, les hommes du deuxième rang, dans tout le bataillon, se placeront en face de leurs créneaux ; au deuxième commandement, ils prendront la position du tireur debout, et chargeront leurs armes si elles ne le sont déjà.

242. Les feux alterneront ensuite par demi-bataillon.

Feu de bataillon.

243. Le chef de bataillon commandera :

1. *Feu de bataillon*.
2. *Bataillon* — ARMES.
3. *A tant de mètres*.
4. JOUE.
5. FEU.
6. CHARGEZ.

Feu à volonté.

244. Le chef de bataillon commandera :

1. *Feu à volonté*.
2. *Bataillon* — ARMES.
3. *A tant de mètres*.
4. COMMENCEZ LE FEU.

245. Les pelotons exécuteront leur feu comme s'ils étaient isolés ; le feu cessera au roulement.

Feux dans la position à genou.

246. Les règles prescrites pour les feux d'un peloton isolé dans la position à genou sont applicables à un bataillon. Le chef de bataillon fera suivre le premier commandement de l'indication : à genou.

Formation des faisceaux.

247. L'instructeur fera mettre le sabre-baïonnette au bout du canon et commandera :

Formez — LES FAISCEAUX.

248. L'homme du premier rang de chaque file paire passera son arme devant lui, la saisissant avec la main gauche au dessous de l'embouchoir, et la placera le talon de la crosse contre la pointe du pied droit de l'homme qui est à sa gauche, le canon tourné vers la droite.

L'homme du second rang de la file paire passera son arme à son chef de file; celui-ci la saisira avec la main droite au dessous de l'embouchoir et portera la crosse à 85 centimètres environ en avant de l'alignement, vis-à-vis son épaule droite, le canon face au rang, mais obliquant un peu à droite; il inclinera vers lui le bout du canon et croisera les quillons des deux sabres-baïonnettes, celui de l'homme du second rang en dessous.

L'homme du premier rang de la file impaire, saisissant son arme avec les deux mains entre l'emb uchoir et la grenadière, embrassera avec son quillon ceux des armes déjà placées, et laissera reposer la crosse entre ses pieds.

Le faisceau formé, l homme du second rang de la file impaire passera son arme dans la main gauche, le canon en avant, et la placera sur le faisceau en l inclinant.

Rompre les faisceaux.

249. L'instructeur commandera :

Rompez — LES FAISCEAUX.

250. L'homme du second rang de chaque file impaire retirera son arme du faisceau.

L'homme du premier rang de la file paire saisira son arme de la main gauche, et celle de l'homme du second rang de sa file de la main droite, au dessous de l'embouchoir.

L'homme du premier rang de la file impaire saisira son arme de la main gauche, également au dessous de l'embouchoir; ces deux hommes soulèveront le faisceau pour le rompre.

L'homme du second rang de la file paire reprendra son arme des mains de son chef de file, et les quatre hommes prendront la position du soldat reposé sur l'arme.

Il est interdit de former les faisceaux avec les baguettes, qui ne sont pas assez résistantes pour supporter l'effort qui en résulte.

Attaque à la baïonnette.

(Cet article doit trouver sa place à l'école de peloton.)

251 Un peloton, bataillon ou division étant au port d'armes et supposé arrivé à 40 ou 50 mètres de l'ennemi, son chef commande :

1 *Chargez à la baïonnette.*
2 *Apprêtez* — vos armes.
3. *Pas redoublé, ou pas gymnastique.*
4. Marche

252. Au deuxième commandement, attaquer l'arme avec la main gauche à hauteur du teton droit, la placer transversalement vis-à-vis le milieu du corps, la baguette en avant, la saisir à la poignée avec la main droite qui restera à hauteur de la hanche, la main gauche à hauteur et près du teton gauche.

253 Au commandement de *marche*, ou à la batterie, le peloton se porte en avant; il croise la

baïonnette près de joindre l'ennemi qu'il aborde franchement (en cherchant à l'enfoncer). Après avoir fait marcher le peloton une vingtaine de pas, la baïonnette croisée, l'instructeur l'arrêtera et le fera reposer.

254. Il e-t à remarquer qu'une troupe mise en marche dans la position de la baïonnette croisée se découd, se gêne et n'arrive jamais en ordre sur le point où elle doit faire effort.

APPENDICE.

POINTAGE ET RÈGLES DE TIR.

Pointage sur chevalet.

L'instruction du pointage est divisée en trois articles :

Article 1er. Pointage sur chevalet avec la ligne de mire de 200 mètres.

Article 2. Théorie sommaire du tir, étude de la hausse, maniement du curseur.

Article 3. Pointage avec une ligne de mire quelconque. Règles de tir.

Nota. Les hommes n'ont pas de sac et ne mettent pas le sabre-baïonnette au bout du canon.

ARTICLE 1er.

Pointage sur chevalet avec la ligne de mire de 200 mètres.

L'instructeur réunit huit hommes au plus. Il place un fusil sur le chevalet de pointage (1), et

---

(1) On peut remplacer le chevalet de pointage par un sac à terre placé, soit sur un banc, soit sur un faisceau, soit sur trois bâtons liés ensemble de manière à former un faisceau.

dirige la ligne de mire de **200** mètres sur un point des murs ou des fenêtres marqué par un pain à cacheter ou de toute autre manière; il a soin de placer la hausse et le guidon de telle sorte que ces parties de l'arme ne penchent ni à droite ni à gauche.

L'instructeur montre aux hommes *les deux points qui déterminent la ligne de mire, c'est-à-dire le sommet du guidon et le fond du cran de la hausse;* il leur explique que pour pointer il suffit de mettre ces deux points et celui que l'on doit viser sur le même alignement; que par conséquent il ne faut pas regarder ces trois points avec les deux yeux, mais avec un seul, l'œil droit, en fermant pour cela l'œil gauche.

L'instructeur prescrit ensuite aux hommes de regarder, l'un après l'autre, en fermant l'œil gauche et en se plaçant en arrière de la crosse sans la toucher, le fond du cran de la hausse, le sommet du guidon et le milieu du pain à cacheter sur lequel la ligne de mire a été préalablement dirigée, et de s'assurer par eux-mêmes que ces trois points sont bien sur le même alignement. L'instructeur, après avoir dérangé le fusil, prescrit successivement à chaque soldat de viser le point désigné. Il vérifie le pointage, indique à chaque homme, s'il y a lieu, les erreurs qu'il a commises, en lui faisant voir que la ligne de mire n'est pas dirigée convenablement et qu'elle passe au dessus ou au dessous, à droite ou à gauche du point qu'il fallait viser. Après avoir rectifié le pointage exécuté par chaque soldat, l'instructeur a soin de déranger le fusil.

Les hommes pointent en se plaçant en arrière de la crosse et en faisant mouvoir l'arme avec la main droite.

L'instructeur répète ensuite le même exercice; mais au lieu de rectifier d'abord par ses propres yeux le pointage exécuté à tour de rôle par chaque soldat, il le fait vérifier successivement par tous les autres, en demandant à chacun si la ligne de mire passe à droite ou à gauche, au dessus ou au dessous du point désigné. Lorsque tous les hommes ont exprimé leur opinion, l'instructeur donne la sienne, et corrige ainsi toutes les erreurs qui auraient pu être commises. L'instructeur fait recommencer cet exercice autant de fois qu'il est nécessaire; il signale aux officiers de la compagnie le degré d'intelligence qu'a montré chaque homme dans cet exercice.

Quand le terrain le permettra, on fera viser le centre du cercle noir d'une cible réglementaire placée à 200 mètres.

Observations.

Quelques hommes parviennent difficilement à fermer l'œil gauche; on les y exercera jusqu'à ce qu'ils arrivent à le fermer sans effort, car c'est alors seulement que la vision de l'œil droit est parfaitement nette.

L'opération de diriger la ligne de mire sur un point est complexe : pour pointer, il faut placer l'œil, le cran de mire, le guidon et le point à viser dans la même direction ; quelque prompt que soit un tireur pour exécuter cette opération, il doit la faire dans un ordre méthodique, c'est-à-dire que, sans se préoccuper du but, il doit d'abord mettre son œil dans le prolongement de la ligne de mire, puis faire mouvoir l'arme, son œil restant lié aux mouvements de la ligne de mire, pour amener cette ligne à passer par le point déterminé.

3.

La première de ces deux opérations, prendre la ligne de mire, mérite une attention toute particulière de la part du tireur ; il faut, en effet, observer qu'il est matériellement impossible de mettre l'œil sur le prolongement de la ligne qui passe par le fond du cran de mire et le sommet du guidon, car le guidon est alors complètement caché par la hausse.

Pour l'apercevoir, il faut élever légèrement l'œil au dessus de cette ligne, de manière qu'une certaine quantité de guidon se détache dans le fond du cran de mire ; cette quantité de guidon est variable avec les tireurs, la majorité vise cependant à guidon demi-plein ; c'est cette manière de viser que les instructeurs auront soin d'indiquer aux jeunes soldats.

Enfin le tireur doit diriger la ligne de mire de manière à bien découvrir le but.

ARTICLE 2.

1° *Théorie sommaire du tir, étude de la hausse.*

Tout corps, quelles que soient du reste sa direction initiale et la force avec laquelle il est lancé, finit toujours par retomber à terre ; mais la distance à laquelle il tombe du point de départ est variable avec l'angle de départ et la force d'impulsion ; *cette distance est ce qu'on nomme la portée.*

Le trajet que parcourt le corps pour arriver à terre est aussi variable avec ces deux éléments ; mais, dans tous les cas, ce trajet est une ligne courbe, ainsi qu'on peut s'en rendre compte en lançant des pierres ou des objets quelconques ; *cette ligne parcourue s'appelle trajectoire.*

Reportons-nous à ce que fait un homme qui veut atteindre un but avec une pierre : il commence par mesurer de l'œil la distance qui le sépare de ce but ; puis il combine, suivant son degré d'habileté, la force dont il dispose avec la direction en hauteur qu'il va donner à cette pierre ; il fait varier cette direction en raison de l'éloignement du but, car il sait par expérience que plus ce but est éloigné, plus le corps devra s'élever, dans certaines limites, pour venir l'atteindre.

C'est le même fait qui se produit dans un fusil où la balle, s'élevant d'abord graduellement par rapport à la ligne de mire, s'en rapproche ensuite pour venir la rejoindre après avoir décrit sa trajectoire, et le point où elle la rejoint est d'autant plus éloigné que la balle se sera élevée davantage par rapport à la ligne de mire.

On voit par là que, pour augmenter la portée, il faut augmenter l'angle que forme le canon avec la ligne de mire ; la portée d'une balle varie donc avec l'inclinaison que l'on donne au canon par rapport à la ligne de mire, et à chaque distance correspond une inclinaison déterminée.

Les hausses dont sont pourvus les fusils servent précisément à régler cette inclinaison ; suivant que le curseur est plus ou moins élevé le long de la planche, le canon a une inclinaison plus ou moins grande.

Afin que les hommes soient bien pénétrés de cette vérité, l'instructeur fera placer un fusil sur un chevalet ; il montrera où aboutissent les différentes lignes de mire sur une cible placée à une certaine distance (20ᵐ environ), et il fera remarquer qu'en visant le même point de la cible avec les différentes lignes de mire, le bout du canon s'élève d'autant plus que la hausse dont on se sert est plus grande et correspond à une distance plus considérable.

Le même exercice servira à montrer aux hommes que la cible sera atteinte d'autant plus haut ou d'autant plus bas que la hausse employée sera plus forte ou plus faible, et on s'efforcera de leur faire comprendre que si la hausse dont on se sert était trop forte ou trop faible, ou si elle n'existait pas, on pourrait encore atteindre ce but en visant alors de quantités convenables soit au dessous, soit au dessus.

2° *Maniement du curseur.*

Au commandement d'avertissement qui indique la distance, coucher la planche en avant ou en arrière, suivant le cas, saisir les rebords du curseur avec le pouce et le premier doigt de la main droite et le faire jouer pour l'amener à la place qu'il doit occuper; lever la hausse si la distance indiquée l'exige.

Quand on devra porter les armes, on rabattra la hausse après avoir désarmé.

ARTICLE 3.

1° *Pointage avec une ligne de mire quelconque.*

Lorsque les hommes sauront disposer le curseur, l'instructeur leur apprendra à pointer aux différentes distances, en s'occupant d'abord de celles qui sont indiquées sur la hausse et en employant ensuite les distances intermédiaires.

L'instructeur commandera :

1. *A tant de mètres.*
2. Joue.

2° *Règles de tir.*

On fera retenir aux soldats les règles suivantes :

1° Avec la hausse de 100^m,

à 100^m et à toute distance plus petite, viser le centre du but ou la ceinture d'un homme ;

à 150^m viser la tête de l'homme.

2° Avec la hausse de 200^m,

à 200^m viser le centre du but ou la ceinture de l'homme ;

à 250^m viser le sommet de la coiffure.

3° Avec la hausse de 300^m,

à 300^m viser la ceinture.

4° Avec la hausse de 350^m,

à 350^m viser la ceinture.

5° Avec la hausse de 400^m,

à 400^m viser la ceinture.

Nota. — Pour la distance de 400^m, on a deux lignes de mire : la première est donnée par la planche couchée sur son pied, le curseur reposant sur le dernier gradin ; la seconde par le curseur totalement descendu, la planche étant levée.

Pour toutes les distances plus grandes que 400^m, élever le curseur jusqu'à ce que le bord supérieur gauche arrive au trou qui marque les distances estimées.

4

Observations.

On ne prescrit pas l'emploi des lignes de mire de 125 et de 350 mètres, pour simplifier les règles de tir à faire retenir aux soldats. On peut, dans les circonstances habituelles, se passer de ces lignes de mire, qui ont leur utilité lorsqu'il s'agit de faire un tir de précision à 125 ou à 350 mètres.

On donne l'instruction du pointage en faisant comprendre aux hommes que le but est censé placé aux distances pour lesquelles on leur fait appliquer les règles de tir. Il est bon cependant, si le terrain le permet, de les exercer aussi à pointer sur des cibles placées réellement aux distances indiquées.

NOMENCLATURE

DÉMONTAGE ET REMONTAGE DU FUSIL REMINGTON.

PREMIÈRE PARTIE.

NOMENCLATURE.

Le fusil modèle 1868 peut se subdiviser en cinq parties principales, qui sont :

1° Le canon.
2° Le mécanisme.
3° La monture.
4° Les garnitures.
5° Le sabre-baïonnette.

1° CANON.

Le canon comprend 2 parties, savoir : 1° Le canon proprement dit. — 2° Le coffre ou boîte de culasse.

1° Dans le canon on distingue : le tonnerre, la bouche, l'âme, la chambre qui reçoit la cartouche, les cinq rayures inclinées de gauche à droite, avec un pas de 0^m71.

Le calibre de l'arme est de $12^{mm}7$.

A l'extérieur du canon, on distingue : le guidon, le petit tenon, le grand tenon et la directrice, le tenon du fût, le bouton fileté qui se visse dans le coffre et forme une partie du logement du tire-cartouche, la hausse qui comprend 7 parties, savoir : 1° Le pied, qui présente des gradins pour le placement du curseur aux petites distances. — 2° Le ressort. — 3° La vis de ressort. — 4° La planche mobile, qui porte deux crans de mire, l'un sur la tête, l'autre sur le pied, et qui est graduée pour les distances sur le côté gauche. — 5° Le curseur, qui porte le cran de mire mobile. — 6° L'arrêtoir. — 7° La goupille.

2° Le coffre (ou boîte de culasse), dans lequel on remarque l'écrou, le logement du tire-cartouche, les flancs avec les trous pour les pivots de l'obturateur et du chien, le trou taraudé et fraisé pour les vis de la sous-garde, le trou taraudé pour la vis de la rosette, la goupille à demeure, qui traverse le flanc, et contre laquelle vient buter le grand ressort.

La queue et son trou fraisé.

2° MÉCANISME.

Le mécanisme, lequel est tout renfermé dans le coffre, comprend 4 parties principales : 1° L'obturateur. — 2° Le tire-cartouche — 3° Le chien. — 4° La sous-garde.

1° *L'obturateur* se compose de 5 pièces, savoir : 1° Le corps On y distingue la tranche antérieure sur laquelle vient déboucher le canal du percuteur, la crête quadrillée, le logement du percuteur et son ressort, l'évidement pour la tête du chien, le trou taraudé et fraisé pour la vis-arrêtoir du percuteur, l'entaille pour le tire-cartouche, le logement du levier de l'obturateur, le trou du pivot. — 2° *Le percuteur*. Sa tige, formée de trois cy-

lindres de diamètres différents : — le premier cy-
lindre produit la percussion sur la capsule ; — sur
le second est monté un ressort à boudin, destiné
à ramener le percuteur en place ; — sur le troisième
on remarque la gorge dans laquelle agit la vis-arrêtoir du percuteur. — 3° Le ressort du percuteur.
— 4° Le pivot de l'obturateur. — 5° La vis du
percuteur.

2° Le tire-cartouche, dans lequel on distingue
le corps, la fente, le talon, la languette qui se
raccorde avec la chambre et dont la feuillure sert
à retirer la cartouche.

La vis du tire-cartouche.

3° Le chien, dans lequel on distingue la tête, la
crête quadrillée, la queue, le corps et le trou pour
le pivot, le cran du bandé, le cran de sûreté, la
griffe, le pivot du chien.

4° La sous-garde, qui comprend 8 pièces, savoir :
1° Le pontet et son écusson. Dans l'écusson on
distingue les oreilles, les trous pour les deux vis
de la sous garde, la fente pour la détente, les deux
trous pour les goupilles de la détente-gâchette, et
au levier les quatre trous taraudés pour la vis du
ressort de levier, la vis du ressort de détente-gâchette, la vis du grand ressort et la vis de culasse.
— 2° Le grand ressort, le talon, la branche, le
rouleau. — 3° Le ressort de détente-gâchette. —
4° Le ressort de levier. — 5° La détente-gâchette,
qui comprend le corps, le bec et la queue. —
6° Le levier de l'obturateur. — 7° Les deux goupilles de détente-gâchette et de levier. — 8° Les
vis à écrou, au nombre de 5, savoir : 3 vis de ressort, 2 vis de sous-garde.

3° MONTURE.

La monture se compose de 2 parties séparées :
1° Le fût. — 2° La couche ou crosse.

1° Le fût. On y distingue : le logement du canon, l'encastrement du tenon du fût, le talon qui s'engage dans le coffre, le canal de la baguette, les encastrements des garnitures.

2° La couche, qui se divise en 2 parties : 1° La poignée. — 2° La crosse.

1° La poignée. On y remarque l'encastrement de la queue du coffre et de la sous-garde.

2° La crosse. On y distingue : le busc, l'encastrement du battant de crosse et de la plaque de couche, le bec de la crosse, le talon.

4° GARNITURES.

Les garnitures se subdivisent de la manière suivante, savoir : 1° La baguette. — 2° L'embouchoir et son ressort. — 3° La grenadière et son ressort. — 4° Le battant de crosse, embase, anneau, pivot, rosettes, rivet. — 5° La plaque de couche. — 6° Les vis à bois, au nombre de 4, savoir : 2 vis de plaque de couche, 2 vis de battant de crosse. — 7° La vis à écrou de la queue du coffre. — 8° La rosette-arrêtoir et sa vis.

5° SABRE-BAIONNETTE.

Le sabre-baïonnette se divise en 3 parties principales, savoir : 1° La monture. — 2° La lame. — 3° Le fourreau.

1º La monture. Elle comprend 2 parties : La poignée; on y distingue : le pommeau, les cordons, les rainures, les logements du ressort et du poussoir, le poussoir, le ressort. — La croisière; on y distingue : la douille, la fente pour le petit tenon, les rosettes, la vis de croisière, la fente pour la directrice, le quillon qui sert à former les faisceaux.

2º La lame. On y distingue : la soie, le talon, le dos, les pans creux, le tranchant, le biseau, la pointe.

3º Le fourreau. On y distingue : le corps, le pontet, la cuvette et ses battes, le fond, les deux rivets, le bouton.

ACCESSOIRES.

Le nécessaire d'armes se compose de 6 parties, savoir :

1º La boîte, dans laquelle on remarque : le fond percé d'une fente pour la lame du tourne-vis, le tampon en bois.

2º L'huilier, comprenant : le vase à l'huile, la vis-bouchon et la rondelle en cuir.

3º La lame du tourne-vis.

4º Le chasse-goupille.

5º La trousse en drap, présentant deux compartiments pour la lame du tourne-vis et le chasse-goupille.

6º Le lavoir.

Le soldat doit avoir en outre dans une boîte en fer-blanc : de la graisse, une pièce en drap, une brosse douce à graisser, quelques morceaux de vieux linge, des curettes en bois tendre.

RENSEIGNEMENTS DIVERS.

La cartouche se compose de 3 parties principales :

1° L'étui à poudre, dans lequel on remarque le culot-amorce.

2° La poudre.

3° La balle.

Poids de l'étui. . . . . 9 gr. 00
   Id.   de la poudre . . . . . . 4 gr. 50
   Id.   de la balle . . . . 30 gr. 50
                                ————————

Poids total de la cartouche. . 44 gr. 00

Poids du fusil sans sabre-baïonnette, 4 kil. 182
   Id.   id.   avec sabre-baïonnette, 4 kil. 865
Poids du sabre-baïonnette avec son fourreau, 1 kil. 030.

Longueur du fusil sans sabre-baïonnette, 1ᵐ 30
   Id.   id.   avec sabre-baïonnette, 1ᵐ 88

DEUXIÈME PARTIE.

DÉMONTAGE, REMONTAGE ET ENTRETIEN DU FUSIL.

L'entretien des armes pour les soldats comprend 2 parties :

1° Le démontage et le remontage.
2° Le nettoyage et le graissage.

DÉMONTAGE ET REMONTAGE.

Ordre suivant lequel s'opère le démontage :

1° Le sabre-baïonnette.
2° La bretelle.
3° L'obturateur.
4° Le chien.
5° Le tire-cartouche.
6° La baguette.
7° L'embouchoir.
8° La grenadière.
9° Le fût.

10° La vis de la queue
du coffre.

11° La couche.

12° Les deux vis de la
sous-garde, en commen-
çant par celle du derrière.

13° La sous-garde.

Ces pièces ne seront démontées que sur l'ordre d'un officier ou d'un sous-officier.

Les pièces doivent être rangées par ordre au fur et à mesure qu'on les démonte.

Le remontage s'opère dans l'ordre inverse du démontage.

Les pièces non indiquées dans cette nomenclature ne devront jamais être démontées par les soldats; elles devront être nettoyées sur place.

Ordre à suivre pour démonter et remonter
les pièces qui composent le mécanisme.

Démonter l'obturateur et le chien.

Armer le chien; enlever la vis-arrêtoir de la rosette et la rosette; chasser le pivot de l'obturateur en poussant par le côté opposé; enlever l'obturateur.

Pour ôter le percuteur, enlever la vis du percuteur, le percuteur, le ressort à boudin.

Pour enlever le chien, abaisser le chien autant qu'il est possible, ce qui amène le grand ressort à buter contre la goupille; chasser le pivot en poussant par le côté opposé; enlever le chien.

Remonter l'obturateur et le chien.

Coucher l'arme sur le côté droit; presser sur la détente; en même temps replacer le chien en appuyant en avant et en bas jusqu'à ce que les deux trous de pivot correspondent exactement.

Replacer le pivot, dégager la détente, et armer le chien.

Remonter le percuteur sur l'obturateur dans l'ordre inverse du démontage, en ayant soin de serrer à fond la vis-arrêtoir.

Replacer l'obturateur en poussant sur la partie postérieure et remuant légèrement jusqu'à ce que les deux trous de pivot correspondent.

Replacer les pivots.

(Les pivots ne doivent pas être changés; celui de l'obturateur est marqué par un trait de lime horizontal à l'une de ses extrémités.)

Remettre en place la rosette et sa vis.

Pour ôter le tire-cartouche, desserrer la vis-arrêtoir de trois tours seulement, retirer le tire-cartouche (1).

Démonter et remonter la sous-garde.

Pour retirer la sous-garde du coffre, l'arme étant couchée sur le côté droit, enlever les deux vis en commençant par celle de derrière.

Les pièces qui la composent seront enlevées dans l'ordre suivant :

1º La vis du grand ressort.
2º Le grand ressort.
3º La vis du ressort de détente.
4º Le ressort de détente.
5º La goupille de détente.

(1) On peut retirer le tire-cartouche à chaque instant sans déranger aucune des autres pièces de l'arme.

6° La détente, en la faisant sortir du côté intérieur.

7° La vis de ressort de levier.

8° Le ressort de levier.

9° La goupille de levier.

10° Le levier

Remonter dans l'ordre inverse.

Pour remettre en place la sous-garde, engager la partie antérieure dans le coffre, en vissant la vis correspondante (1); veiller à ce que le grand ressort soit bien au milieu de l'écusson et que la branche bute contre la goupille à demeure; presser sur le bout postérieur jusqu'à ce que la vis puisse entrer.

RÈGLES GÉNÉRALES A OBSERVER.

Pour séparer le fût du canon, quand on a enlevé l'embouchoir et la grenadière, il faut le détacher près de la bouche jusqu'à ce que le tenon soit sorti de l'encastrement, et finir de le retirer en suivant la direction du canon.

Cette opération demande à être faite avec beaucoup de soin pour ménager le fût.

Pour retirer la couche, après avoir ôté la vis de la queue du coffre, saisir l'arme de la main gauche auprès de la hausse, et la maintenir dans une position horizontale; frapper légèrement avec la paume de la main droite sur le bec et le talon de la crosse, et non sur le plat, afin d'éviter les dégradations à l'encastrement; dégager la poignée avec la main droite.

(1) La vis antérieure de la sous-garde est marquée d'un trait de lime horizontal auprès de la tête.

Le soldat ne doit jamais frapper aucune pièce de l'arme avec le nécessaire ou avec toute autre pièce en fer, parce qu'il occasionnerait ainsi des mutilations.

La sous-garde et la couche ne doivent être retirées et les pièces de sous-garde démontées que sur l'ordre d'un officier ou d'un sous-officier, et cet ordre ne doit être donné que lorsque le démontage est reconnu indispensable.

Il est absolument interdit de chercher à séparer le canon et le coffre, sous quelque prétexte que ce soit.

En replaçant la couche, il est essentiel de bien serrer la vis de la queue du coffre.

En général, toutes les vis doivent être serrées à fond.

La plaque de couche, les ressorts de garniture et le battant de crosse doivent toujours être nettoyés sur place.

Il est interdit d'ôter les vis de plaque, la vis du battant de crosse et la vis de croisière du sabre-baïonnette.

NETTOYAGE ET GRAISSAGE.

Canon. — Après le tir, lorsque le soldat devra laver son arme, il exécutera le démontage ordinaire, mais laissera en place les pièces du mécanisme et la sous-garde, puis il procédera ainsi :

Bourrer l'intérieur du coffre avec un morceau de linge sec pour garantir le mécanisme de la sous-garde contre l'humidité qui peut résulter du lavage ; fixer le lavoir au bout fileté de la baguette ; plonger la bouche du canon dans de l'eau contenue dans un baquet en bois (et non en fer ni en pierre pour ne pas dégrader la bouche du canon), en saisissant l'arme de la main gauche auprès du coffre, la sous-garde en avant ; introduire le lavoir dans le canon par le tonnerre, et imprimer à la baguette un mouvement de va et vient ; changer l'eau jusqu'à ce que tous les résidus de la poudre soient enlevés et que l'eau sorte claire du canon.

Faire ensuite égoutter le canon la bouche en bas ; attacher un morceau de linge sec à l'extrémité d'une baguette en bois, et l'introduire dans le canon pour essuyer l'arme ; changer le linge jusqu'à ce qu'il ne reste plus aucune trace d'humidité ; essuyer ensuite l'extérieur du canon, le coffre, le logement du tire-cartouche et toute la chambre avec le plus grand soin.

Le canon lavé et essuyé, graisser l'intérieur avec un chiffon gras attaché au bout de la baguette en bois ; passer la pièce grasse sur toutes les parties extérieures du canon.

Obturateur. — Les pièces de l'obturateur seront aussi nettoyées avec soin ; essuyer le percuteur et son ressort dans toutes leurs parties ; s'assurer que le percuteur fonctionne bien dans son logement avant de remonter l'obturateur sur le coffre.

Mettre ensuite une goutte d'huile à la tige du percuteur, aux filets de la vis ainsi qu'au logement du levier et au pivot.

Tire-cartouche. — Essuyer le tire-cartouche et son logement ; mettre une goutte d'huile. La vis du tire-cartouche, qui ne doit jamais être enlevée, sera nettoyée sur place.

Chien. — Essuyer le chien avec un linge sec avant de le remonter sur le coffre ; mettre une goutte d'huile aux crans de la noix, à la griffe, au trou de pivot et au pivot.

Sous-garde. — Lorsque la sous-garde n'a pas besoin d'être nettoyée à fond et qu'elle peut être mise en état sans être démontée du coffre, l'essuyer soigneusement avec un linge sec, en enlevant la vieille graisse à l'aide de curettes.

Graisser intérieurement la sous-garde avec une brosse douce frottée sur la pièce grasse, ou bien mettre une goutte d'huile au rouleau du grand ressort et aux goupilles de la détente-gâchette et du levier.

Coffre. — Essuyer soigneusement le coffre avec un linge sec, et le graisser extérieurement avec la pièce grasse, intérieurement avec une brosse douce frottée sur la pièce grasse.

Monture. — Essuyer la monture avec un linge sec, et au besoin la frotter avec un morceau de drap imbibé d'huile.

Pièces en fer et en acier non rouillées. — Les frotter avec un linge sec, puis les passer à la pièce grasse.

Pièces rouillées. — Si les pièces sont légèrement rouillées, les frotter avec un linge couvert de brique brûlée, pulvérisée, tamisée et délayée dans de la graisse. Si les pièces sont fortement rouillées, employer l'émeri préparé comme la brique, et frotter avec des curettes de bois tendre ou avec une brosse rude ; essuyer ensuite les pièces avec un linge sec, et ne jamais laisser ni émeri, ni brique, ni aucune autre substance dans les trous des vis ou dans les encastrements. Quand on frotte le canon ou la lame du sabre, les poser à plat sur une table ou sur un banc, afin de ne point les fausser ; finir par le graissage des pièces.

Pièces en cuivre. — La poignée du sabre-baïonnette se nettoie avec du tripoli o de la brique pilée et un peu de vinaigre ou d'eau-de-vie. Frotter avec un linge ou un morceau de drap, et jamais avec une brosse ou une curette.

OBSERVATIONS.

Le poli brillant pour les pièces en fer et en acier est expressément défendu ; les pièces, légèrement onctueuses, doivent être d'un blanc mat.

Les pièces en cuivre ne doivent jamais être graissées.

On aura soin de mettre une goutte d'huile à toutes les pièces qui éprouvent un frottement.

Dans les chambres, les armes sont toujours déchargées et à l'abattu.

Le chien doit toujours être au cran de sûreté quand l'arme est chargée et qu'on ne veut pas tirer immédiatement.

Le chien est mis au cran de sûreté pour tous les exercices.

Visite des armes avant le tir.

Avant chaque tir, et en général toutes les fois que la troupe prend les armes, les sergents de demi-section doivent s'assurer que les armes sont en parfait état.

ÉCOLE DES TIRAILLEURS.

Modifications apportées à l'article 3,
DES FEUX.

107. Les feux se font de pied ferme ou en marchant.

Feu de pied ferme.

108. Pour faire exécuter ce feu, le capitaine commandera :

A tant de mètres.
COMMENCEZ LE FEU.

109. A ce commandement vivement répété, les hommes feront feu sans se régler les uns sur les autres et sans se presser (1).

110 Les tirailleurs devront ajuster avec la plus grande attention et avoir beaucoup de calme; ils devront surtout aussi s'efforcer de bien apprécier la distance qui les sépare de l'objet qu'ils voudront atteindre, afin de tirer avec certitude; ils seront guidés dans cette appréciation par les offi-

(1) Le principe, admis jusqu'ici, de conserver une arme chargée sur deux, cesse d'exister par suite de la rapidité du chargement des nouvelles armes

ciers et les sous-officiers, qui feront modifier les hausses toutes les fois que ce sera nécessaire.

111. On recommandera aux tirailleurs de s'abriter le plus possible des feux de l'ennemi, soit en prenant les positions du tireur à genou ou couché, soit en se masquant par un obstacle quelconque ; lorsqu'ils seront obligés ds se tenir debout, ils ne resteront pas immobiles à la même place.

Feu en marchant.

112. Ce feu s'exécutera au même commandement que le feu de pied ferme.

113. Au commandement de : *à tant de mètres, commencez le feu*, si la ligne marche en avant, elle s'arrêtera ; les tirailleurs qui apercevront distinctement l'ennemi feront feu et chargeront leurs armes ; tous se porteront ensuite en avant à 25 ou 30 pas, s'arrêteront et tireront de nouveau ; le feu continuera ainsi, les tirailleurs ayant soin de rester liés les uns aux autres, et, tout en cherchant à se couvrir, de conserver autant que possible l'alignement général.

114. Si la ligne marche en retraite, au commandement de : *à tant de mètres, commencez le feu*, la ligne s'arrêtera et fera face à l'ennemi ; les tirailleurs qui apercevront distinctement l'ennemi feront feu et chargeront leurs armes ; tous se porteront ensuite en arrière à 25 ou 30 pas, s'arrêteront et tireront de nouveau ; le feu continuera ainsi, les tirailleurs ayant soin de rester liés les uns aux autres, comme pour le feu en avançant.

115. Il peut être avantageux, surtout dans les terrains couverts ou accidentés, que le feu en re-

traite soit exécuté par échelons; dans ce cas, le capitaine commandera :

Par échelons, à tant de mètres.
COMMENCEZ LE FEU.

A ce commandement, la 1re demi-section s'arrêtera, fera face à l'ennemi et commencera le feu de pied ferme, la 2e demi-section continuant à marcher; celle-ci, ayant parcouru 40 ou 50 pas selon le terrain, s'arrêtera et fera face à l'ennemi. Dès que la 1re demi-section verra la 2e arrêtée, elle cessera le feu et se portera vivement en arrière pour démasquer la 2e, qui commencera aussitôt le feu de pied ferme, au commandement : *à tant de mètres, commencez le feu.* Le feu continuera ainsi alternativement par les deux demi-sections.

116. Si la ligne marche par le flanc vers la gauche ou vers la droite, au commandement de : *à tant de mètres, commencez le feu,* la ligne s'arrêtera et fera face à droite ou à gauche; les tirailleurs qui apercevront distinctement l'ennemi feront feu; tous se remettront ensuite en marche, chargeront en marchant, s'arrêteront de nouveau à 25 ou 30 pas pour tirer, et le feu continuera ainsi.

117. Les règles précédentes s'appliqueront à une ligne de tirailleurs commençant le feu quand déjà elle est en marche; mais, une fois le feu commencé, le capitaine pourra se trouver dans la nécessité de faire exécuter divers mouvements de marche. Il fera observer les règles suivantes :

118. La ligne faisant feu de pied ferme ou par le flanc, au commandement : *tirailleurs en avant, marche,* les tirailleurs se porteront tous en avant et exécuteront le feu d'après les principes du feu en avançant, n° 113.

119. La ligne faisant feu de pied ferme, ou en avançant, ou par le flanc, au commandement : *tirailleurs en retraite, marche*, les tirailleurs se conformeront aux principes du feu en retraite, n° 114.

120. La ligne exécutant le feu, soit de pied ferme, soit en avançant, soit en retraite, au commandement : *tirailleurs par le flanc droit (ou gauche), marche*, les tirailleurs se conformeront aux principes du feu par le flanc, n° 116.

Observations relatives aux feux.

121. On habituera les tirailleurs à charger leurs armes en marchant.

122. On les exercera à charger et à tirer à genou, couchés, assis, accroupis, en les laissant libres de prendre ces positions de la manière qui leur sera la plus commode.

123. Les hommes d'un même groupe ne devront pas tirer tous à la fois en commençant le feu; il sera quelquefois utile, pour ménager les munitions et régler l'intensité du feu, de ne faire tirer qu'un certain nombre d'hommes de chaque groupe. Dans ce cas, le capitaine commandera :

A tant de mètres, un, deux ou trois hommes par groupe.

Commencez le feu.

A ce commandement, les hommes désignés feront feu; dans le feu de pied ferme, les hommes qui ne tireront pas s'abriteront le mieux possible; dans les feux en avant, en retraite ou par le flanc, les hommes désignés pour tirer se tiendront hors du rang du côté de l'ennemi.

124. Dans la marche en retraite, l'officier commandant les tirailleurs doit profiter de tous les obstacles et avantages que le terrain présente pour arrêter l'ennemi le plus longtemps possible.

125. Le capitaine fera cesser le feu par la batterie ou la sonnerie indiquée à cet effet (1). A ce signal, les soldats cesseront de tirer, et ceux qui n'auront pas leurs armes chargées les chargeront ; si la ligne est en marche, elle continuera son mouvement.

126. Quand la ligne exécutera le feu en marchant en avant, en retraite ou par le flanc, au commandement de *halte*, l'alignement général sera repris suivant le terrain.

127. La surveillance des officiers sur une ligne de tirailleurs ne saurait être trop active ; ils ne feront usage au combat ni de carabine, ni de fusil ; dans tous les feux, ils veilleront, ainsi que les sous-officiers, au maintien de l'ordre et du silence ; ils empêcheront les tirailleurs de s'écarter imprudemment ; ils leur recommanderont surtout, pour éviter une consommation dangereuse de cartouches, le calme, le sang-froid, et de ne faire feu que lorsque, étant à bonne portée, ils apercevront distinctement l'objet qu'ils veulent atteindre. Les tirailleurs devront profiter avec intelligence de tous les abris, de tous les accidents de terrain, pour se dérober à la vue de l'ennemi et se couvrir de ses

(1) Dans une ligne de tirailleurs composée de plusieurs compagnies, chacun des capitaines n'en ploiera les batteries ou sonneries que lorsqu'il n'aura pas à craindre d'induire en erreur les tirailleurs des autres compagnies.

feux. Il arrivera souvent que les intervalles seront momentanément perdus, lorsqu'un abri deviendra commun à plusieurs hommes voisins; mais quand le moment sera venu de le quitter, et pour ne pas rester en groupe exposés au feu de l'ennemi, ils devront se hâter de regarnir la ligne en reprenant leurs intervalles, ce qui ne rend pas les principes de cette instruction d'une application invariable.

La mort des chefs d'une troupe pouvant apporte du désordre dans ses rangs, on recommandera aux meilleurs tireurs de viser de préférence les chefs ennemis.

Dans les exercices, on fera toujours représenter l'ennemi par quelques hommes.

Lyon.—Impr. de Félix Girard, rue Saint-Dominique, 17.

TABLE DES MATIÈRES.

FIN DE LA TABLE.